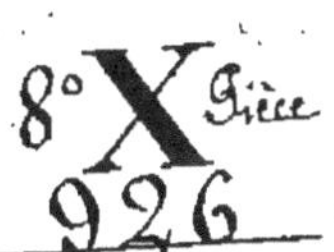
8° X Pièce 926

AF562050

La RIVALITÉ DES LANGUES EN EUROPE

par

A. BÉCHAUX.

Imprimé par Desclée, De Brouwer et Cie.
Imprimeurs-Éditeurs. — LILLE.

DÉPOT LÉGAL Nord 68 — 9

Pièce
8° X
926

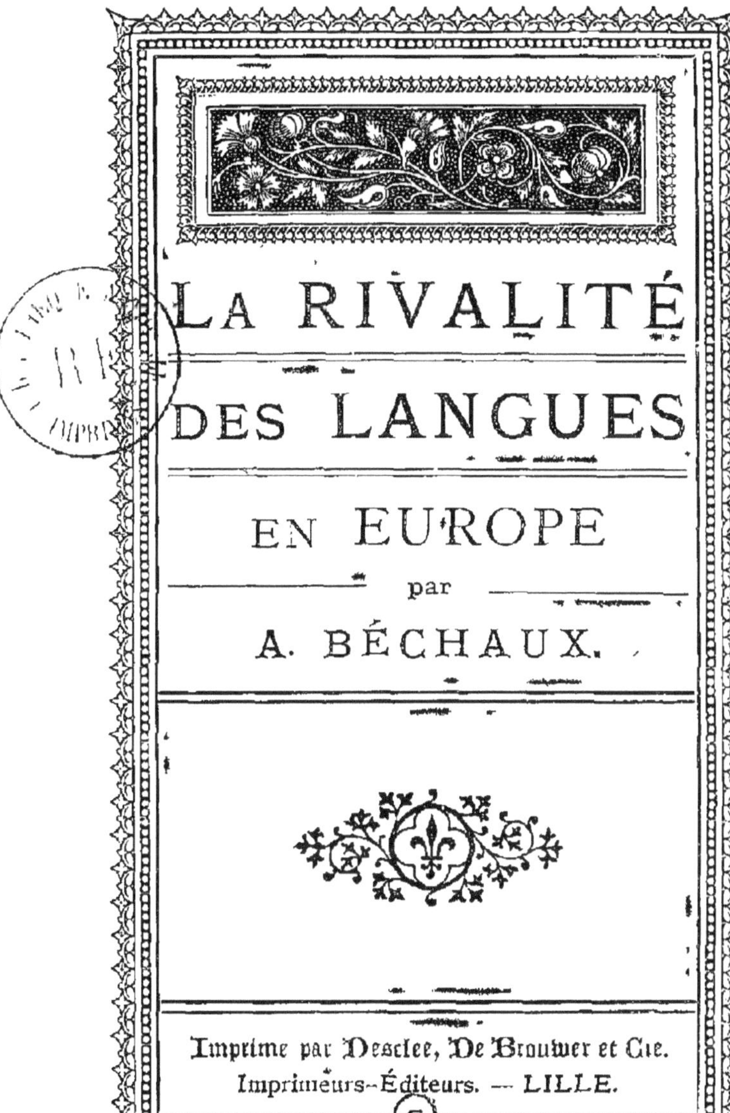

LA RIVALITÉ DES LANGUES EN EUROPE

par

A. BÉCHAUX.

Imprimé par Desclée, De Brouwer et Cie.
Imprimeurs-Éditeurs. — LILLE.

La RIVALITÉ des LANGUES en EUROPE.

ON invoque l'unité du langage pour provoquer ou pour justifier l'unité politique des États. Des millions d'hommes sont aujourd'hui hantés par cette idée que toute nation, parlant la même langue, doit être autonome, obéir à un pouvoir unique, former un État indépendant. On jette à la foule insouciante des noms qui la font tressaillir : panslavisme, pangermanisme, irrédentisme, panhellénisme. Et ce n'est pas assez pour la vieille Europe d'être tourmentée par les luttes politiques et la lutte sociale, il faut que la question des langues soulève, çà et là, un nouveau conflit ardent et passionné.

La communauté ou l'analogie du langage est certes un des éléments constitutifs de la nationalité, mais il n'est pas le seul. Combien de savants, juristes ou philosophes, font à tort reposer sur cette base trop étroite le principe des nationalités ! L'histoire de la France, dont les populations parlaient les langues les plus diverses, proteste contre ce prétendu principe. Mieux que la langue, les souvenirs du passé, les traditions uniformes, les coutumes séculaires créent et cimentent l'union et la solidarité nationales ; ainsi en est-il en Suisse, où trois races distinctes, allemande, italienne et française, ont constitué une forte et vigoureuse nation.

La nation apparaît comme un groupe de familles

vivant sur un territoire déterminé, unies en général par le triple et puissant lien des mœurs, des traditions et du langage. Au sein de chaque famille, les mêmes pensées dominent les esprits, les mêmes sentiments agitent les cœurs. Chaque génération redit à celle qui la suit les souvenirs communs, les luttes, les triomphes, les défaites suprêmes. Ainsi se forme, dans un peuple, la conscience nationale, c'est à-dire, cette conviction que ce peuple a, dans l'humanité, une place spéciale, des besoins distincts, des intérêts qui lui sont propres.

Mais comment expliquer l'émotion que jette la rivalité des langues au sein des masses populaires ! C'est que le langage appris et parlé dès toujours, tient, dans le cœur de l'homme, une place extraordinaire ; il est une partie de lui-même et de sa vie. Qui l'attaque et voudrait le détruire, lui semble attenter à ses droits, à un droit de propriété acquis, jour par jour, dès l'enfance. Pour tout homme, la langue maternelle, la plus chère, est la seule qu'il n'oublie jamais. Elle lui redit les chansons de son berceau, les conseils qui formèrent son esprit, les entretiens qui firent jaillir en lui les premières manifestations de la pensée. Que de souvenirs, que d'impressions lointaines elle évoque, qui, sans elle, auraient disparu dans l'oubli ! Il ne sépare pas la langue du foyer, et ainsi les travaux, les joies, les fêtes domestiques, gardent sur ses lèvres le nom spécial que chacun leur donnait autour de lui.

Le peuple dont on combat la langue souffre dans son cœur, dans sa pensée, dans son patriotisme. Avec quelle énergie il veut la conserver ! avec quelle ténacité il lutte pour la garder intacte et libre ! C'est ce qu'on peut observer dans cinq pays : *l'Italie*, *l'Allemagne*, *la Belgique*, *l'Autriche et la Suisse* (je parle seulement de ceux que j'ai visités) ; pays bien différents d'idées, de lois et de gouvernements, et qui donnent à la question des langues les solutions les plus opposées. Ici, telle langue est combattue, opprimée, méprisée ; là, telle autre s'affirme, réclame énergiquement ses droits et déjà semble triompher ; ailleurs, les langues, quoique rivales, jouissent d'une égale protection et sont, au même titre, langues officielles. Cette triple situation mérite un rapide examen. J'étudie d'abord l'influence des langues à l'intérieur des États ; je montrerai plus tard leur action politique internationale.

I

Lorsque le touriste quitte, en Suisse, le coin perdu de Zermatt, gravit les Alpes du Valais et gagne, à travers un long et difficile glacier, le col Théodule, arrivé au sommet, il a devant lui l'Italie, et il aboutit, par une descente rapide, dans les vallées *françaises* du Piémont, où notre langue est restée populaire. La cité d'Aoste (1) est le chef-lieu de ces régions alpestres, que la conquête romaine avait faites siennes, et où elle a laissé d'impérissables monuments (2).

Les Alpes qui séparent l'Italie de la France, et la partie supérieure des vallées qui descendent en Pié-

1. Ceux qui ont lu le récit touchant de Xavier de Maistr *le Lépreux de la cité d'Aoste*, ignorent peut être que ce malheureux fut un des rares lépreux qu'on ait connus dans ce pays.

2 Tel est le *Pont de Pierre*, sous lequel passait autrefois le *Buthier* A deux cents mètres plus loin, se trouve l'un des plus beaux monuments de l Italie, l'*arc* érigé en l honneur d'Auguste pour perpétuer le souvenir de la défaite des *Salasses* Il est de l'an 25 avant l'ere chretienne Son architecture tient de l'ordre corinthien et de l'ordre dorique Puis vient la *Porte prétorienne* Ces monuments bien conservés font l'admiration du voyageur. On voit ensuite les ruines d'un vaste amphithéâtre pouvant contenir 20,000 spectateurs ; les ruines d'un théâtre romain, etc

mont, sont occupées par des populations françaises, et trois arrondissements les partagent : l'arrondissement *d'Aoste* avec 80,000 Français ; celui de *Suse* avec 23,000 ; celui de *Pignerol* avec 16 à 17,000.

Lorsqu'en 1860 la Savoie et Nice échurent à la France, les vallées françaises du Piémont restèrent à l'Italie. Nul n'en parla et ne parut se souvenir qu'elles nous avaient jadis appartenu. « La vallée d'Aoste, a-t-on dit avec raison, fut oubliée, quoiqu'elle fût l'annexe naturelle de la Savoie, qu'elle eût autant de titres à revenir à la France, et que la France eût autant de droit à la revendiquer. Les princes de Piémont l'avaient presque toujours tenue comme une dépendance de la Savoie plutôt que comme une des provinces du Piémont. Le duché d'Aoste était compris dans le ressort du Sénat (Haute Cour) de Savoie. Le *règlement particulier du duc d'Aoste*, de 1773, a été publié avec un « manifeste du Sénat de Savoye ». Ce n'est que par les patentes royales du 16 octobre 1792 (renouvelées par l'édit royal du 22 septembre 1822) qu'il a été compris dans le ressort du Sénat de Turin.

Mais avec l'ignorance en ethnographie des Français, et lorsqu'un préfet envoyé de Paris en Savoie arrivait à son poste avec une grammaire et un dictionnaire italiens dans son sac, il n'y a pas lieu de nous étonner de cet oubli de 80,000 Français au delà des Alpes. Quant aux Italiens, qui pensaient à tout, prévoyaient tout, qui, dans le comté de Nice, se faisaient rétrocéder les villages de Tende et de La Brigue (pour rester maîtres du col de Tende et des passages stratégiques), ils usèrent de même d'une petite ruse dans l'établissement de la frontière entre la Savoie et la vallée d'Aoste, entre lesquelles le principal passage est la belle route du Petit-Saint-Bernard, à l'extrémité de notre vallée de l'Isère. En effet, l'Italie se fit attribuer alors l'hospice du Petit-Saint-Bernard, bien que celui-ci fût précédemment compris dans le territoire de la Savoie, et même à quelque distance de la ligne frontière entre la Savoie et le Piémont (1).

Au lendemain de l'annexion de la Savoie à la France, tandis que l'unité italienne s'affirmait, les Valdôtains comprirent que leur langue était menacée. De tout temps, le français avait été reconnu comme langue officielle du pays. En 1861, un député italien, M. Vegezzi-Ruscalla, se fit le porte-parole du parti unitaire, et publia une brochure dont le titre résumait un programme : *Droit et nécessité d'abroger le français comme langue officielle dans quelques vallées de la province de Turin.* L'auteur exposait : 1° les causes de l'usage de la langue française dans ces vallées ; 2° le droit et la nécessité de l'abroger ; 3° les moyens à employer ; 4° la manière d'italianiser les noms propres de lieux.

L'émotion fut grande au nord de l'Italie. Un membre distingué du clergé d'Aoste, le chanoine Bérard, répondit dans un opuscule virulent que la junte municipale d'Aoste couvrit de louanges et qu'elle fit répandre à profusion. Il montra avec grande abondance de preuves que le dialecte de son pays est *français par territoire, français par origine, français par droit historique, français par les intérêts matériels.*

« L'Italie, disait l'opuscule, est-elle menacée parce qu'une pauvre vallée des Alpes parle français ? En un moment où la fièvre des nationalités agite tant de peuples, est-il prudent de venir dire à une population :

1. Gaidoz, « les Vallées françaises du Piémont. » *Annales de l'École libre des sciences politiques*, no du 15 janvier 1887.

RF

Tu ne parleras plus la langue qu'ont parlée tes pères, qu'ils ont parlée depuis plus de mille ans !

» Commencez par nous alléger du poids de vos impôts écrasants. Ouvrez nous de grandes routes à travers les Alpes ; rapprochez-nous de l'Italie par des communications faciles ; multipliez nos rapports sociaux entre vous et nous ; ne lésinez pas pour quelques milliers de francs quand vous prodiguez ailleurs les millions. Alors peut-être, lorsque vous nous aurez fait quelque bien, nous nous plairons à balbutier votre langue. Mais, pendant que vous n'aurez fait que détruire sans rien édifier, pendant que vos journaux n'auront pour nous que l'injure et le sarcasme, c'est bien assez et même trop que vous ayez nos hommes à la levée (conscription), et le produit de nos sueurs dans vos caisses. Ne nous enlevez rien de plus...

» Mais si, malgré la raison, malgré la justice, malgré tous nos droits, un édit de proscription devait sortir du sein d'une assemblée où l'Italie se voit représentée par ce qu'elle a de plus libéral, on dira alors, et à bon droit : Aoste, qui a été pucelle pendant neuf siècles qu'on appelle barbares, a été brutalement violée par une nation civilisée (1). »

Malgré l'énergie de la défense, les vallées françaises du Piémont devaient perdre peu à peu leurs droits traditionnels. Aujourd'hui, la langue italienne est, seule, la langue officielle du royaume. Les lois et décrets ne sont affichés qu'en italien. Les tribunaux des vallées françaises rendent leurs jugements en italien ; les avocats ne peuvent s'exprimer dans leur langue maternelle. Cependant, à l'école primaire, les deux langues

1. *La Langue française dans la vallée d'Aoste.*

sont encore enseignées. Les notaires peuvent toujours dresser leurs actes en français. Les publications *communales* se font encore dans la langue historique. Enfin le clergé lui est resté fidèle ; il est avec le peuple contre les gouvernants, et il se déclare le gardien des coutumes et des libertés séculaires. J'ai pu juger par moi-même en 1886, en parcourant à pied la vallée d'Aoste, des sentiments que manifestent les membres du clergé à l'égard de la langue française ; ils la voudraient conserver à tout prix. Mais on ne peut se faire illusion sur le résultat de cette lutte opiniâtre, et il est probable qu'au XXe siècle, l'école et la presse auront enlevé à ces chrétiennes populations la langue qui, pendant de longs siècles, les avait gardées si françaises.

Dans l'Empire allemand, l'unité politique réalisée depuis 20 années, au prix de quelles conquêtes et de quels sacrifices ! doit entraîner peu à peu la germanisation de deux pays de langue et de nationalité étrangères : la Pologne et l'Alsace-Lorraine.

C'est en vain que les Polonais, rattachés à l'Allemagne, s'efforcent de maintenir vivante la langue nationale, celle-ci est combattue sans trêve par la législation et l'administration de l'Empire. Une loi importante du 28 août 1876 décide que « la langue allemande est, à l'exclusion de toute autre, la langue officielle ». Jusqu'alors, les Polonais pouvaient employer leur langue nationale dans les actes administratifs et judiciaires ; le congrès de Vienne de 1815 leur avait même promis une représentation et des institutions nationales. En 1817, en 1832, les droits de la langue polonaise avaient été formellement reconnus ; le 31 janvier 1867, le président supérieur Horn le constatait dans une proclamation officielle. Mais le parti unitaire ne s'est pas arrêté à de tels scrupules ; il veut la centralisation à outrance et la fusion des diverses nationalités au profit de la race allemande victorieuse.

Le « polonais », chassé du prétoire, l'est aussi de l'école ; combattu sans trêve par de zélés fonctionnaires, il n'a pu trouver auprès du clergé persécuté une défense énergique ; seul, le cœur du peuple lui garde un asile fidèle que la ténacité et la persévérance allemandes sauront bien forcer quelque jour.

Verrons-nous, en Alsace-Lorraine, cette ténacité et cette persévérance amener les mêmes résultats ? Le sort réservé à la langue française dans les provinces récemment annexées à l'Empire sera-t-il le même ? Je le crois, pour ma part, après le voyage que je viens de faire récemment en Alsace. Que peuvent les mœurs contre une législation draconienne !

Une loi du 31 mars 1872 statue ainsi :

« ARTICLE PREMIER. — Les arrêtés, actes et décisions par écrit qui émaneront des autorités administratives ou des employés de l'administration, les déclarations qui leur seront faites ou demandées, devront être rédigées en langue allemande.

» ART. IV. Les dispositions de l'article premier s'appliquent également aux actes, avis, arrêtés, décisions, procès-verbaux émanés des autorités ou employés des communes, paroisses et établissement publics. »

En outre l'article 186 de la loi du 27 janvier 1877 déclare que *la langue judiciaire est la langue allemande.*

Citons enfin la loi du 23 mai 1881 concernant le petit parlement d'Alsace-Lorraine :

« ARTICLE PREMIER. Les débats de la Délégation d'Alsace-Lorraine sont publics ; la langue de ces débats est la langue allemande.

» ART. II. — Les membres de la Délégation qui ne possèdent pas l'allemand sont autorisés à lire des discours préparés par écrit ; ces discours devront être rédigés en allemand. »

Aujourd'hui, l'interdiction de la langue française est générale et ne comporte pas d'exception, sauf parfois dans les régions essentiellement françaises où l'allemand était jusqu'à ces dernières années absolument inintelligible. La langue française est donc bannie de la Délégation, des tribunaux, des écoles, des études de notaire, des études d'avoué-avocat. Dans les écoles, collèges et gymnases elle peut être enseignée, à certaines heures, comme toute autre langue. L'autorisation est plus large pour les écoles primaires de Mulhouse et de Colmar. Laïques ou religieux qui désirent donner des leçons particulières de français, doivent solliciter la permission.

On comprend que de telles mesures contribuent puissamment à la germanisation des provinces annexées. Et, cependant, le souvenir de la France perdue se retrouve encore en des milliers de cœurs. Malgré vingt années de séparation, il n'est personne qui oserait dire en Alsace-Lorraine le mot du Valdôtain patriote : « La France ne nous connaît plus ! »

II

En Belgique, les Flamands, grâce à la constance et à l'énergie de leurs revendications, auront peu à peu mérité pour leur langue si ancienne (1) la place d'honneur qui lui revient. Depuis le jour déjà lointain de l'in-

1. Les noms de *Flandre* et de *Flamand* n'apparaissent qu'au ve siècle de notre ère, mais les philologues et les historiens admettent que l'existence du peuple flamand est antérieure à cette époque. (V. Looten, *Revue de Lille*, janvier 1890.)

dépendance belge, les habitants des provinces flamandes n'ont cessé de lutter, et ils touchent aujourd'hui à la conquête définitive.

La constitution belge de 1830 proclama le principe de la liberté des langues, mais, en fait, trois millions de Flamands se plaignaient que leur langue fût sacrifiée au profit de la langue française. En 1840, un pétitionnement de cent mille signatures inaugura le mouvement flamand, qui depuis lors ne s'est pas ralenti. En 1856, une commission fut nommée par le gouvernement en vue d'étudier les griefs flamands qui touchaient aux questions législatives, judiciaires et scolaires. Aujourd'hui, la plupart de ces griefs n'ont plus d'objet, grâce aux lois des 17 août 1873, 22 mai 1878, 15 juin 1883 et 3 mai 1889.

Aux Chambres législatives, le flamand et le français jouissent des mêmes droits. Les députés prêtent serment dans les deux langues ; leurs discours sont reproduits de même et le compte rendu analytique paraît dans les deux langues Si le français est la langue officielle législative, une traduction flamande est toujours publiée.

Dans le pays flamand (provinces d'Anvers, de la Flandre orientale et occidentale, du Limbourg, et dans l'arrondissement de Louvain), comme aussi dans le pays mixte (arrondissement de Bruxelles), les fonctionnaires de l'État doivent employer la langue flamande dans leur correspondance officielle et dans les actes publics ; vis-à-vis de l'autorité, les citoyens sont libres. A l'enregistrement, on reçoit les actes flamands et français. L'administration des chemins de fer publie tous ses documents dans les deux langues. Certaines pièces de monnaie ont l'exergue flamand.

Dans le domaine de la justice, la loi du 3 mai 1889 a donné satisfaction à l'ensemble des revendications flamandes. Les procès-verbaux doivent être rédigés en flamand dans toutes les communes où cette langue est parlée par le peuple, et, sur le territoire belge, toute déclaration doit être reçue dans la langue du déposant. L'instruction des affaires criminelles a lieu en flamand dans le pays flamand, à moins que l'inculpé ne connaisse que le français ou que, comprenant le français, il choisisse un conseil qui ignore le flamand. Le réquisitoire est prononcé dans la langue du prévenu. La défense reste toujours libre. En matière civile, on ne peut plaider ou conclure en flamand si le tribunal s'y oppose.

Au point de vue de l'enseignement, les solutions les plus équitables ont été adoptées. En pays flamand, l'instruction primaire est donnée en flamand ; l'instruction secondaire, dans les deux langues. D'aucuns demandent en outre une Université flamande. Déjà, dans les Universités, quelques cours sont donnés en flamand.

Si, dans l'armée, la langue française est celle du commandement, la loi du 6 mai 1888 oblige les officiers à connaître les deux langues à partir de 1892. Dans la garde civique, le flamand et le français sont indifféremment employés. — Ainsi se trouve résolue en Belgique, dans le sens le plus libéral, l'épineuse question des langues ; mais on peut tenir pour certain que les Flamands, gens opiniâtres, ne désarmeront complètement que le jour où les deux langues nationales auront une situation identique.

III

En Suisse, quatre langues sont parlées : l'allemand, l'italien, le français et le roman. Sur 2 846,102 habitants,

2,030,792 parlent l'allemand ; ils occupent spécialement les cantons du Centre et du Nord ; 608,007 habitants parlent le français et se rencontrent presque exclusivement dans les cantons de Genève, de Vaud et de Neuchâtel ; ils sont en très grand nombre dans les cantons du Valais, de Fribourg et dans les vallées de Porrentruy, autrefois réunies à la France et où se sont maintenues, grâce à l'énergie des catholiques, les idées, les mœurs et, en partie, les lois françaises. 161,723 habitants parlent l'italien et sont groupés dans les cantons du Tessin et des Grisons. 38,705 habitants parlent le roman dans les hautes Alpes des Grisons.

La constitution fédérale du 29 mai 1874 reconnaît, comme les précédentes, trois langues nationales : l'allemand, le français et l'italien, qui jouissent des mêmes droits. Les actes législatifs, les ordonnances, les moindres décisions fédérales doivent être publiés dans les trois langues. Aux Chambres nationales, les députés peuvent choisir la langue qui leur convient. Au tribunal fédéral, où les juges doivent connaître les trois langues officielles, les parties ont toute liberté. Le même principe de l'égalité des langues est consacré par les constitutions cantonales ; ainsi l'enseignement des écoles est toujours donné dans la langue traditionnelle des populations. Ce système, maintenu depuis des siècles, a écarté tout conflit, soit dans la Confédération, soit dans tel canton particulier.

En Hongrie où, malgré la diversité des idiomes, nous trouvons une seule langue officielle, on compte 6,206,872 Magyars, 1,882,372 Allemands, 1,799,563 Bohémiens. Il faut ajouter des Ruthènes, des Roumains, des Serbo-Croates, des Tziganes et des Wendigues.

Une loi importante, du 6 décembre 1868, règle la question des langues.

La langue officielle de la Hongrie est le magyar ou hongrois ; c'est la langue du Parlement, de l'administration centrale, des tribunaux supérieurs et de l'Université. Mais les lois doivent être traduites dans toutes les langues usitées en Hongrie ; au sein des assemblées provinciales, chaque membre peut employer sa langue maternelle, et si un cinquième des membres de l'assemblée le demande, les procès-verbaux sont rédigés en plusieurs langues.

Quant aux assemblées communales, elles organisent souverainement leurs délibérations. Si, dans les tribunaux supérieurs, le hongrois est seul autorisé, il n'en est pas de même devant les juridictions inférieures, où les intéressés sont entendus dans leur langue maternelle. En matière d'enseignement, les droits de chacun sont garantis. La loi veut que le gouvernement accorde à chaque groupe d'habitants de même nationalité la faculté de recevoir l'instruction primaire et secondaire dans la langue traditionnelle. L'Université, seule, a pour langue officielle le hongrois. Telle est la solution d'un des problèmes les plus délicats que le gouvernement magyar ait rencontrés ; il a sauvegardé les intérêts de tous, et, en assurant la liberté, il a maintenu la paix.

D'autres États européens rencontrent les mêmes difficultés de langues que je viens d'esquisser brièvement. La Russie entend le suédois dans la Finlande, l'allemand dans ses provinces occidentales, le polonais dans la nation glorieuse qu'elle a faite sienne L'Espagne est obligée de compter avec les provinces basques. L'Angleterre trouve des langues rivales dans la plupart de ses possessions : à Malte, où le maltais et l'italien le disputent à l'anglais ; au Canada, où la langue française est restée souveraine ; dans les colonies du Cap, où le hollandais se maintient ; dans l'empire des Indes, où les langues indigènes réclament impérieusement des droits. Ceux qui soutiennent que l'unité politique doit entraîner pour un pays l'uniformité du langage, s'inspirent de la triste maxime : La force prime le droit ; non, l'égalité des langues est, de toutes les solutions, la seule juste, la seule loyale et nationale.

www.ingramcontent.com/pod-product-compliance
Lightning Source LLC
LaVergne TN
LVHW010411240826
846091LV00020B/3640

9782016123546